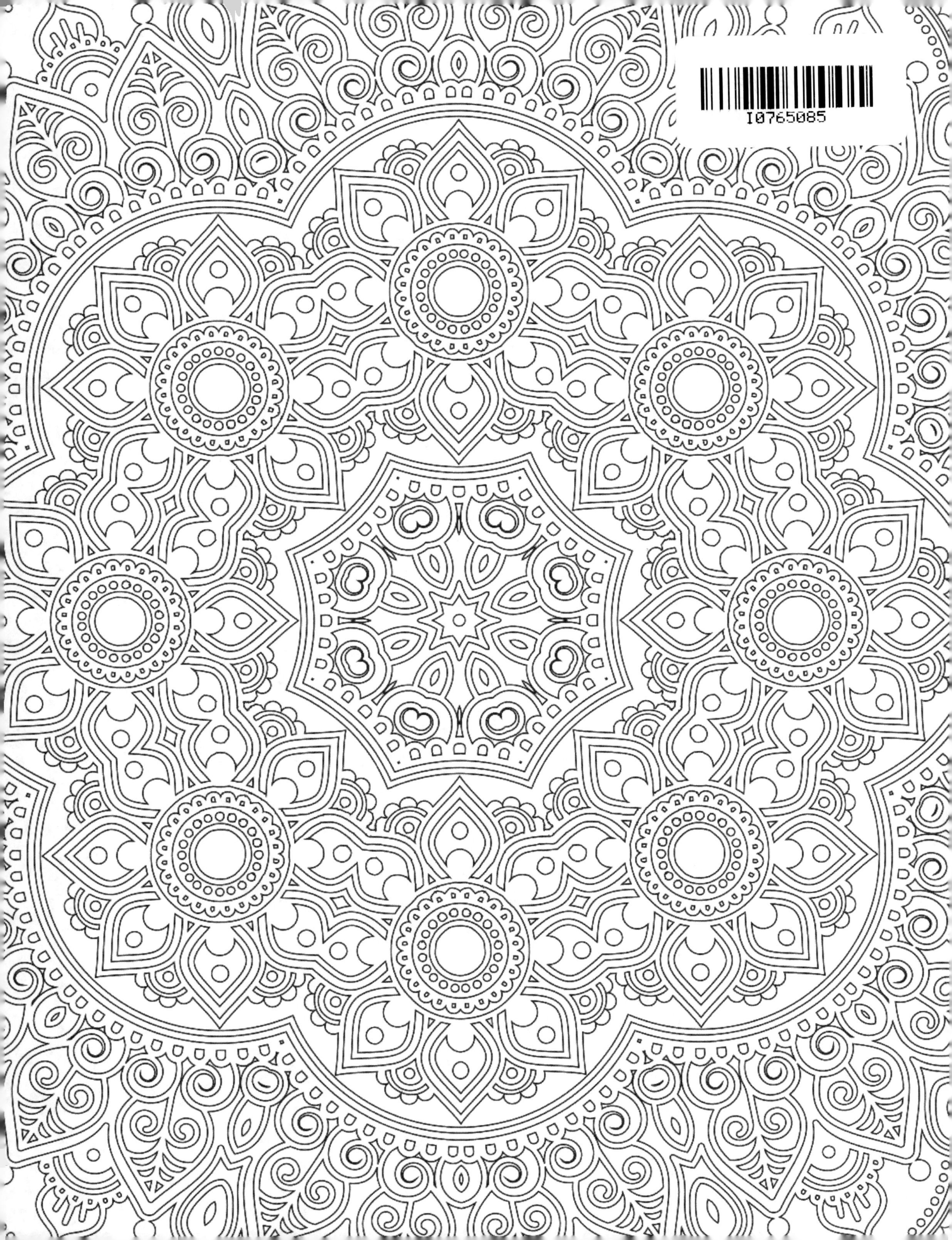

I0765085

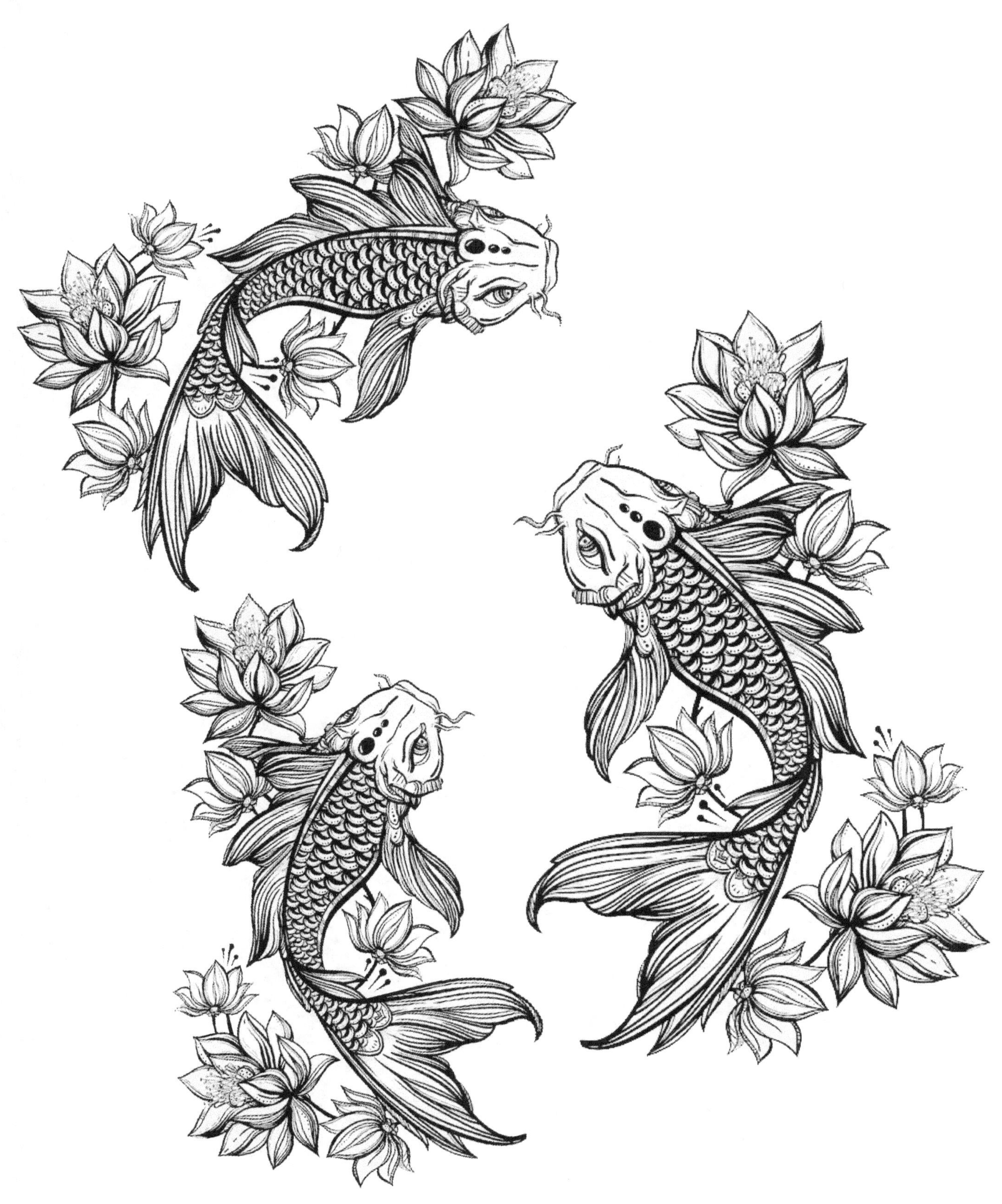

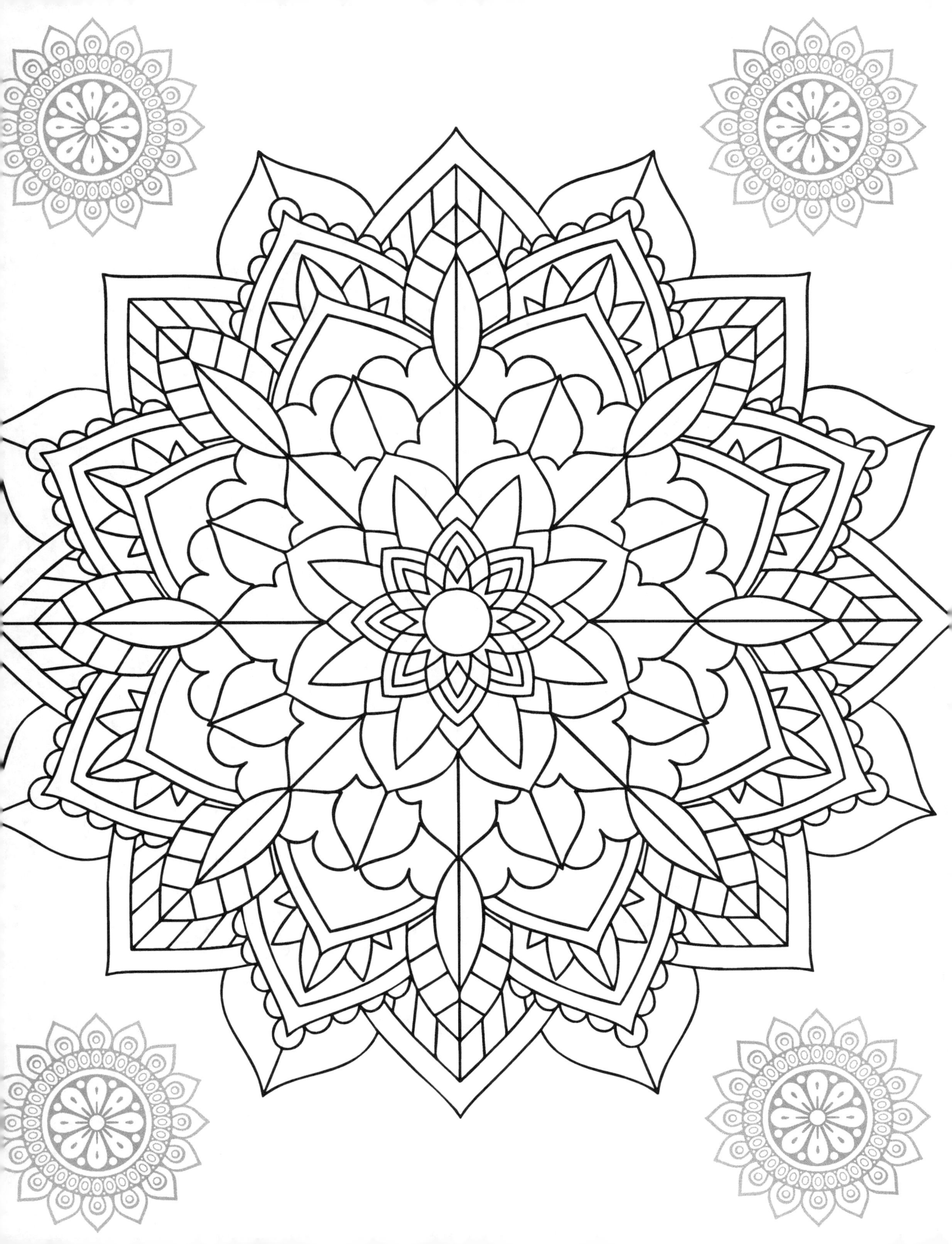

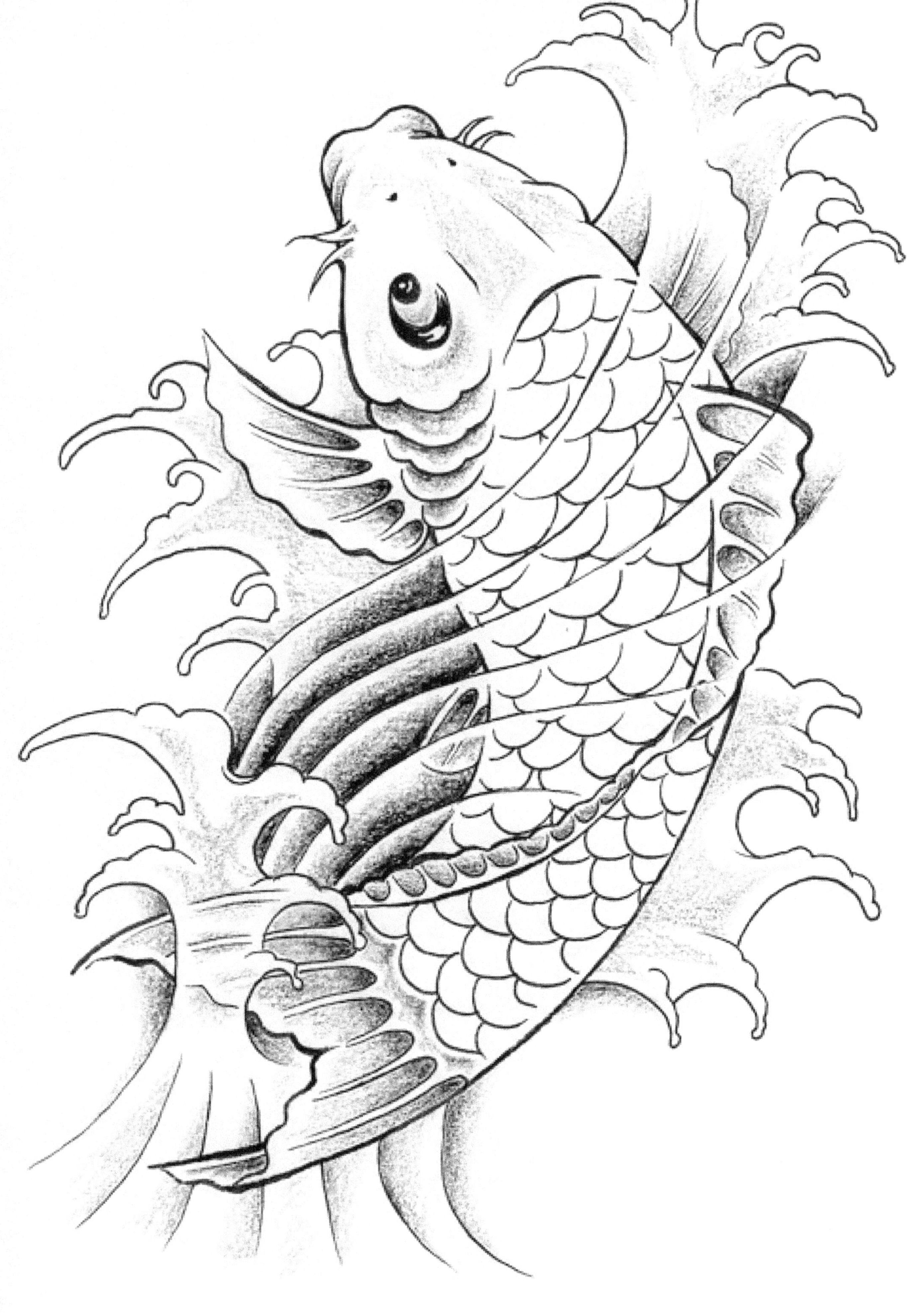

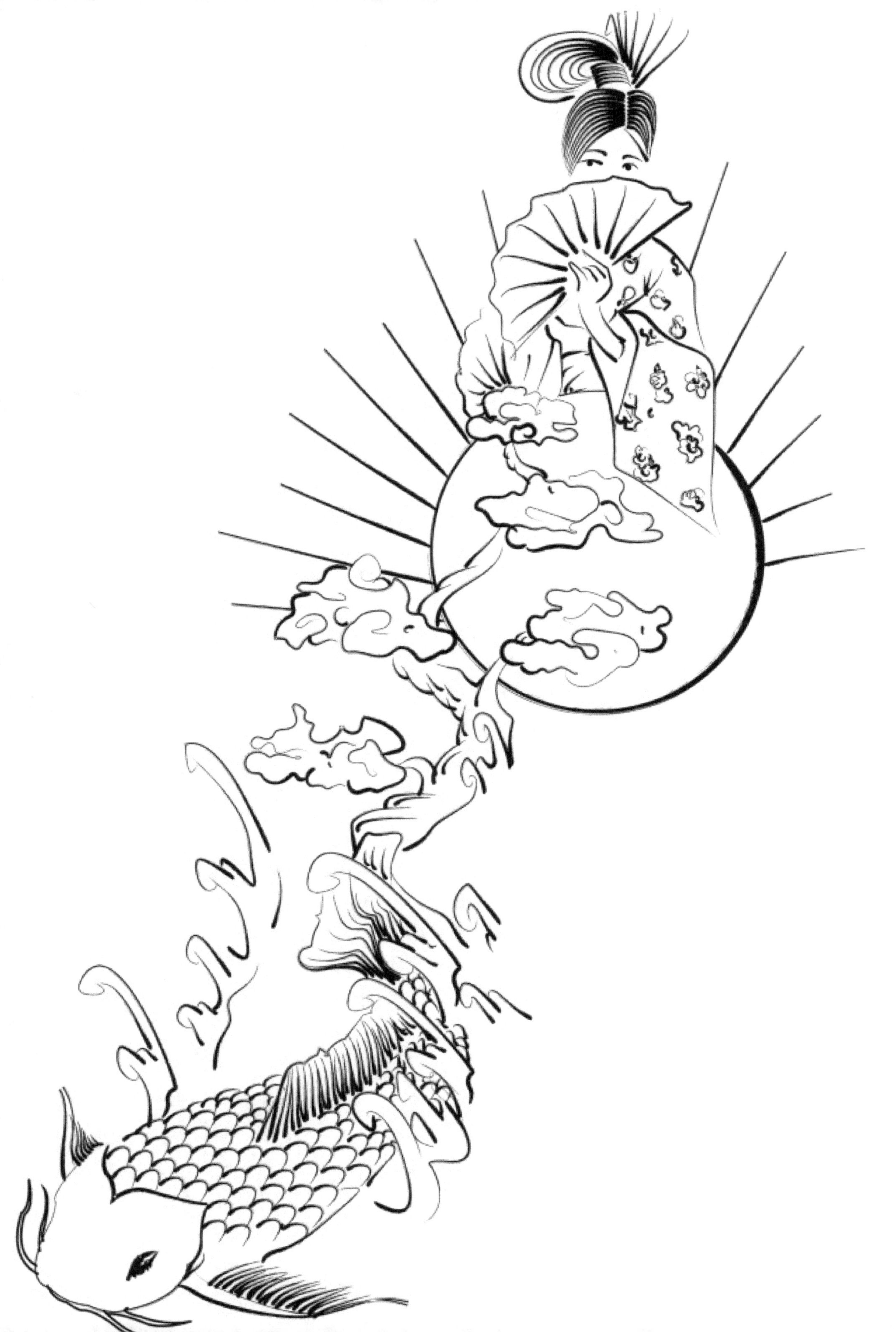

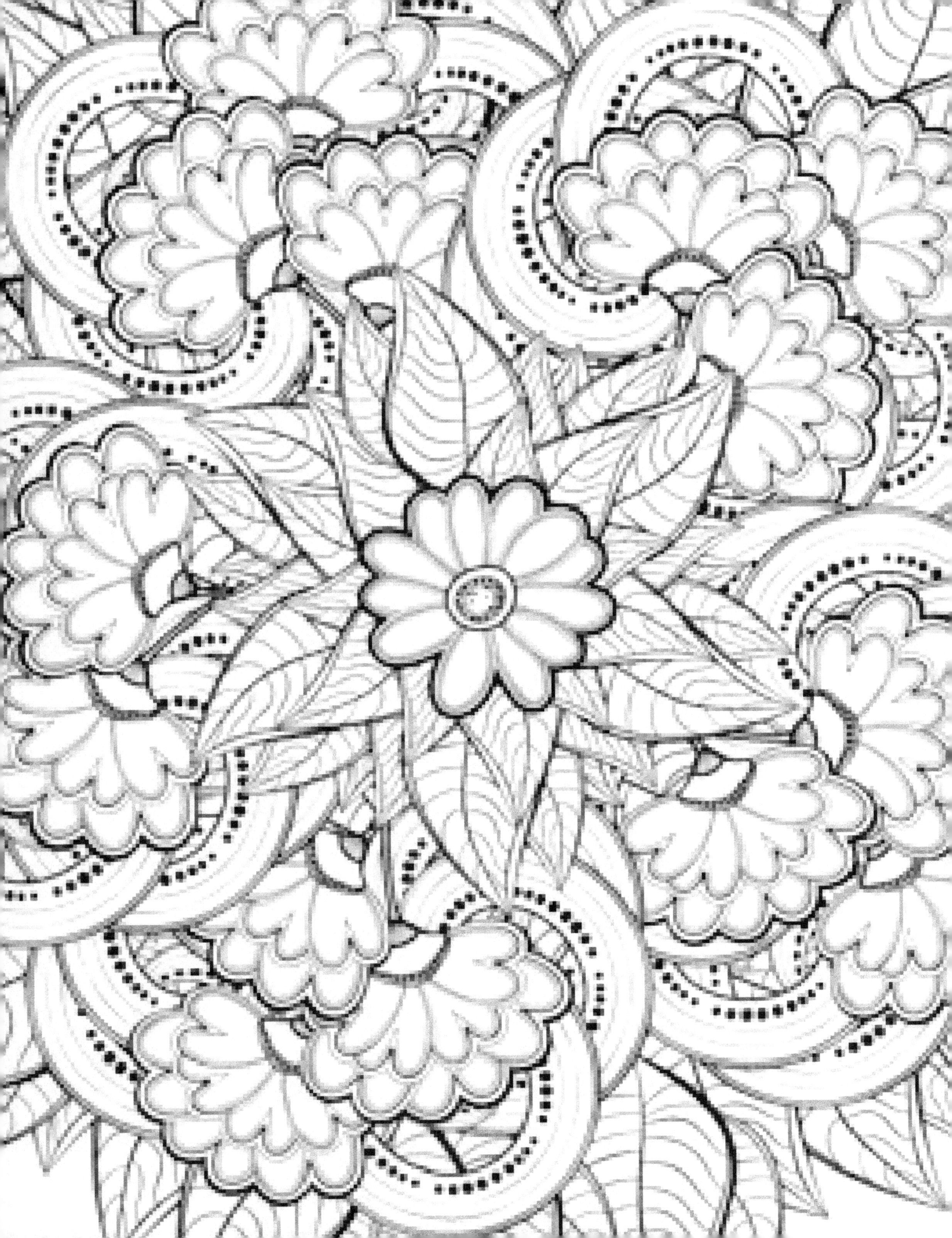

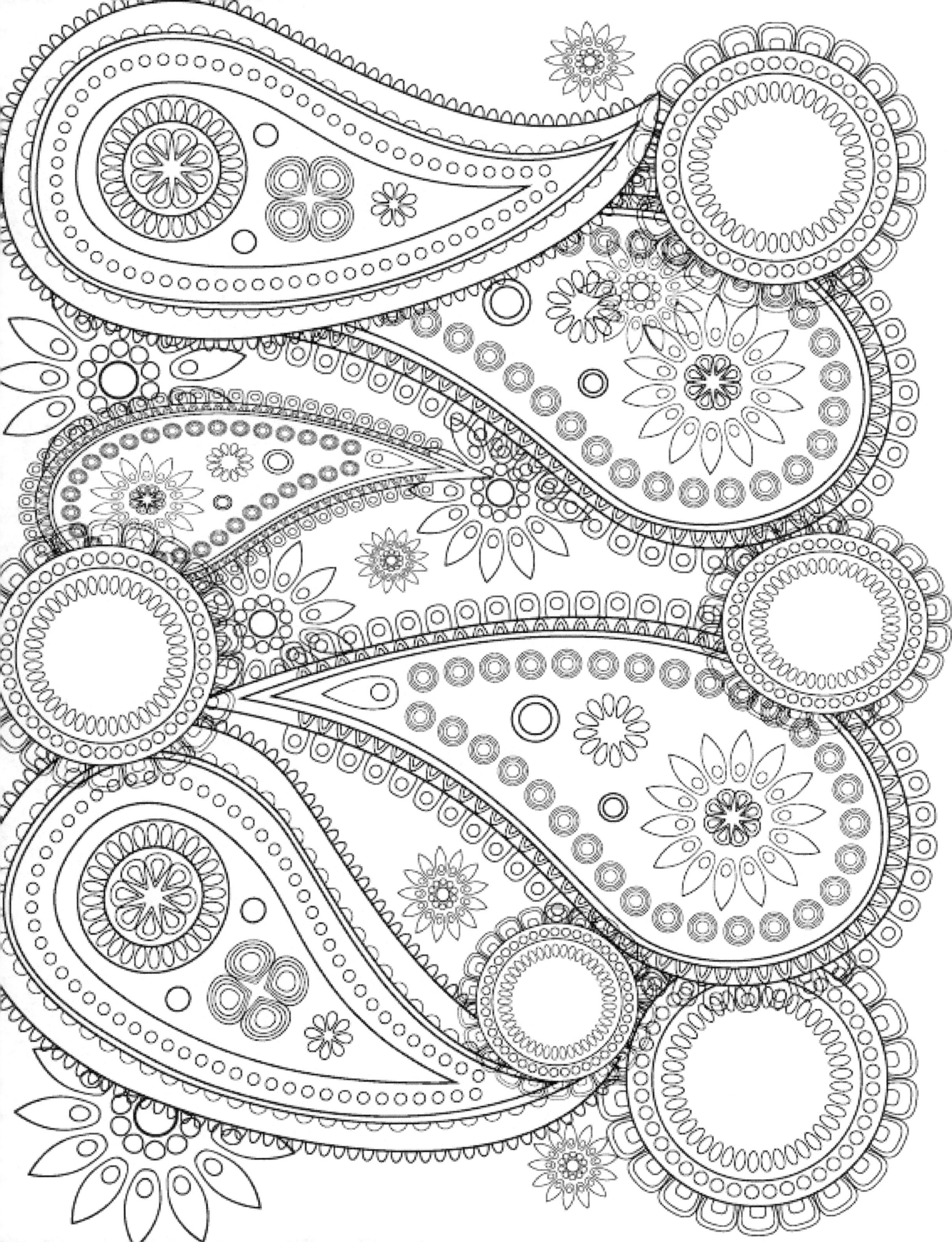

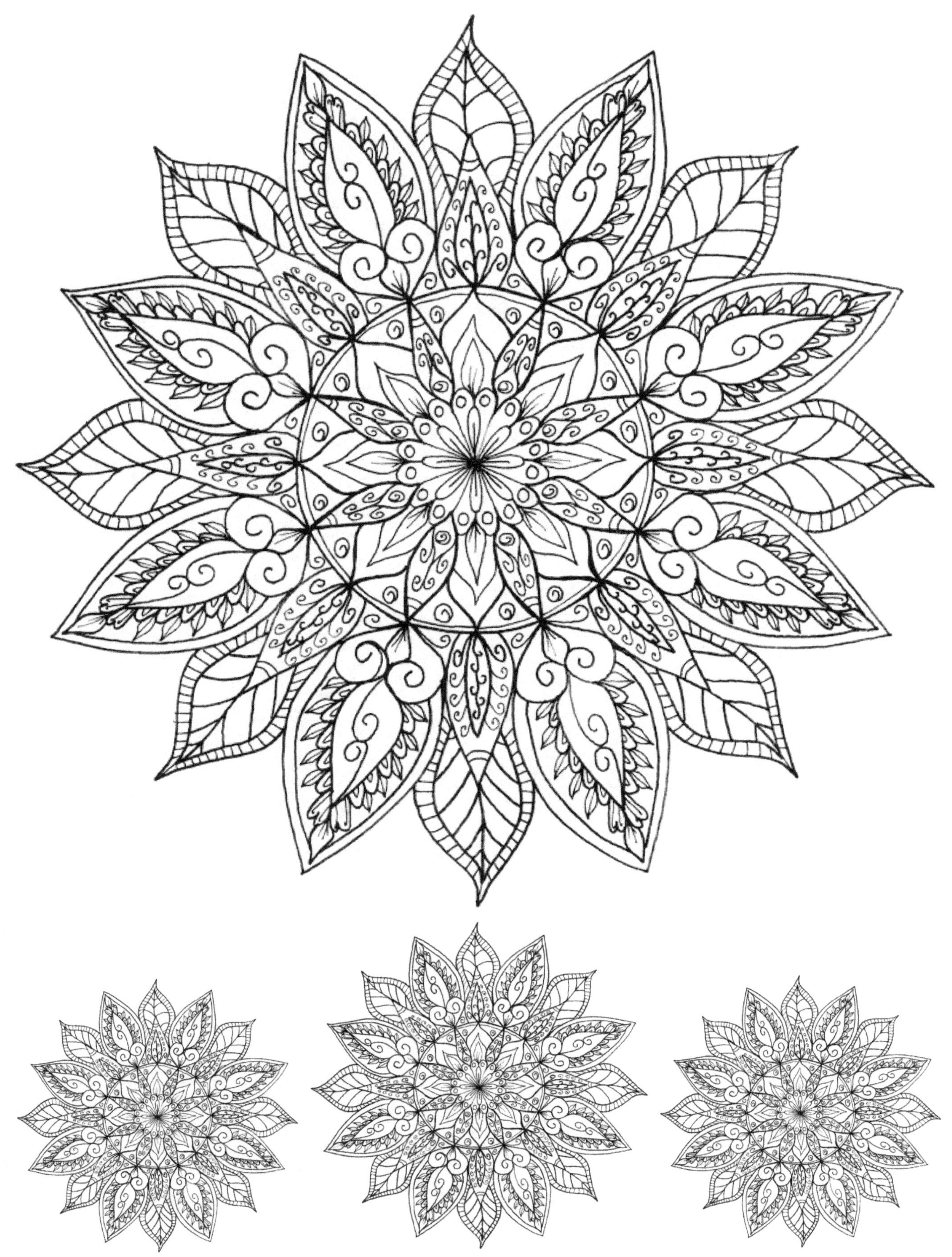

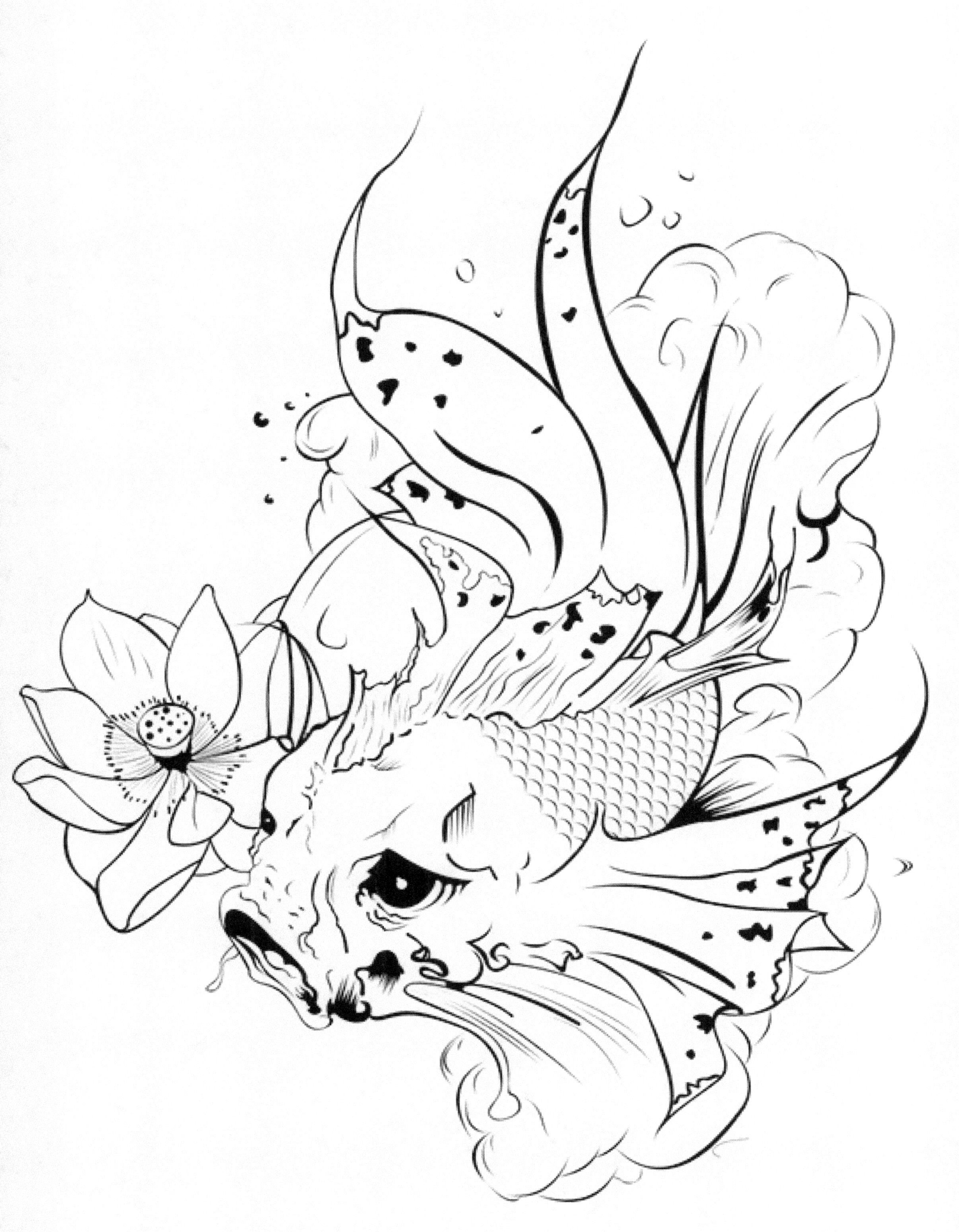

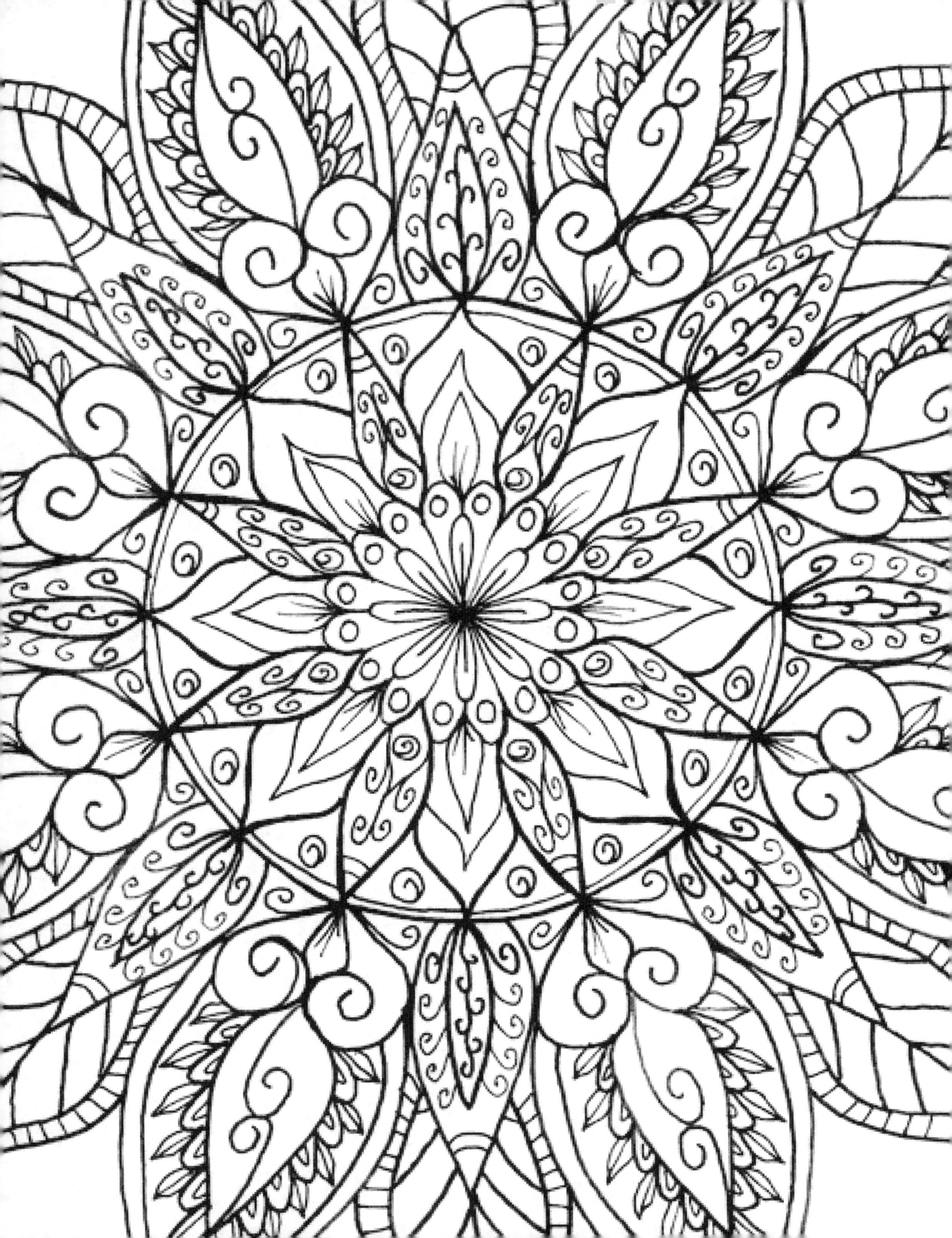

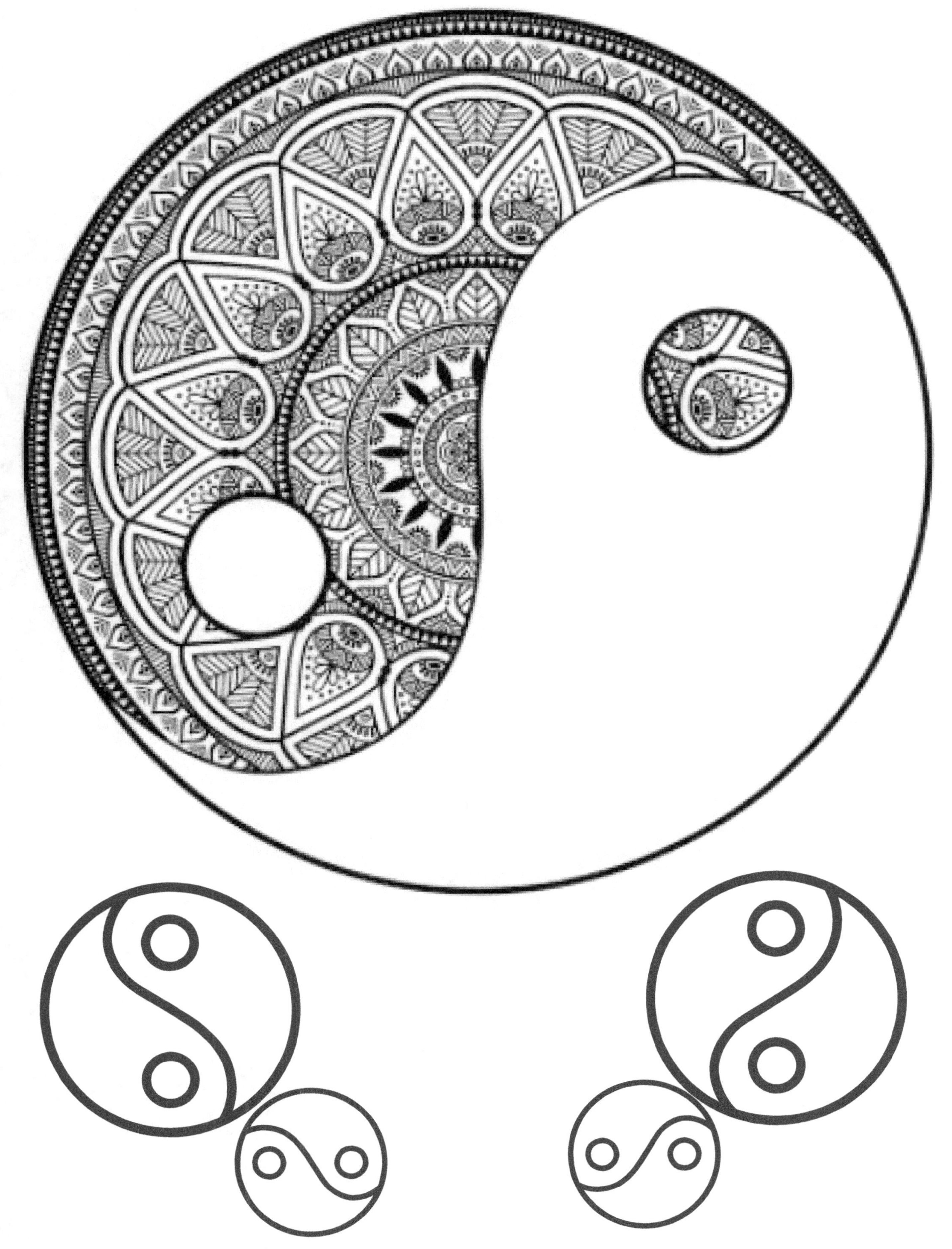

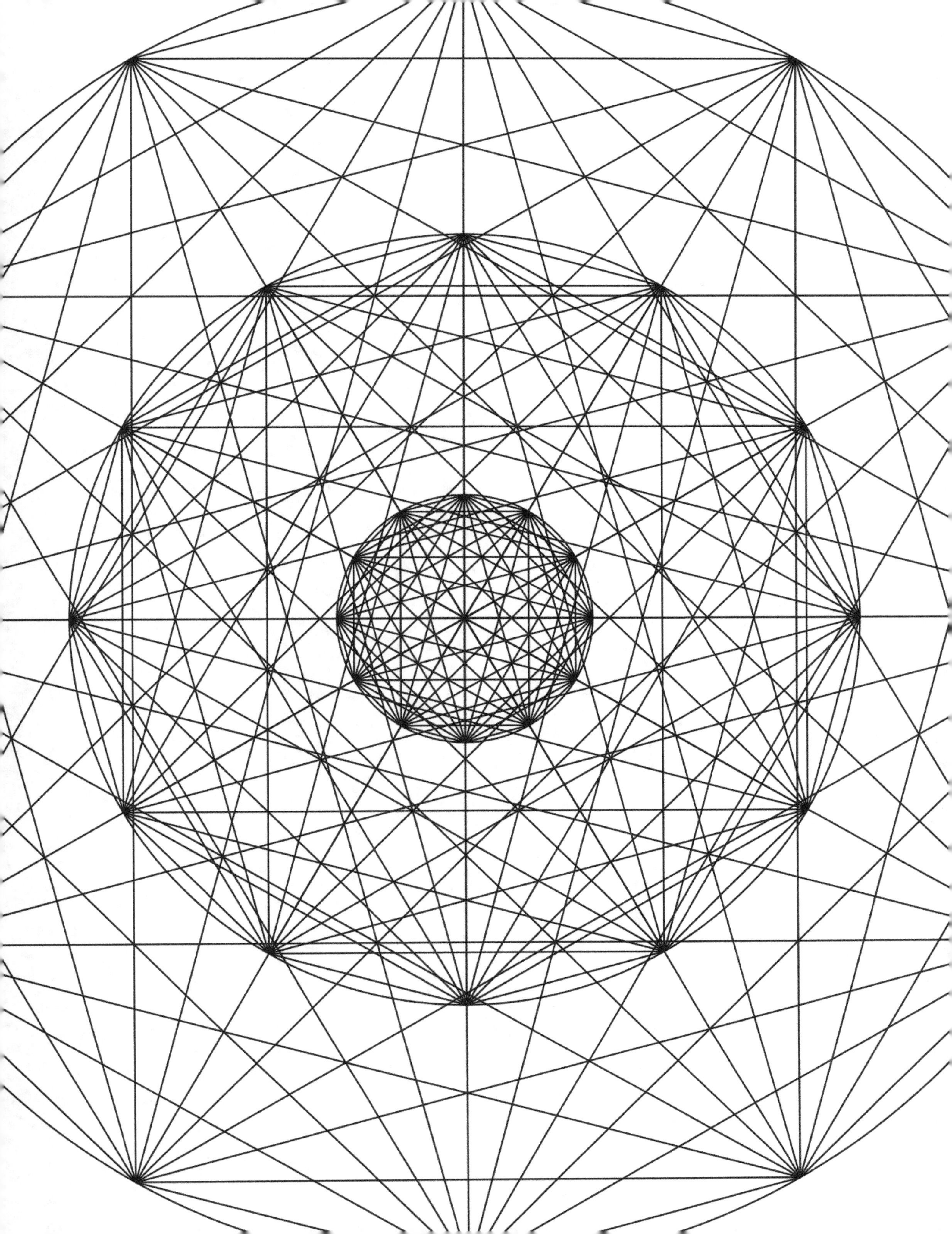

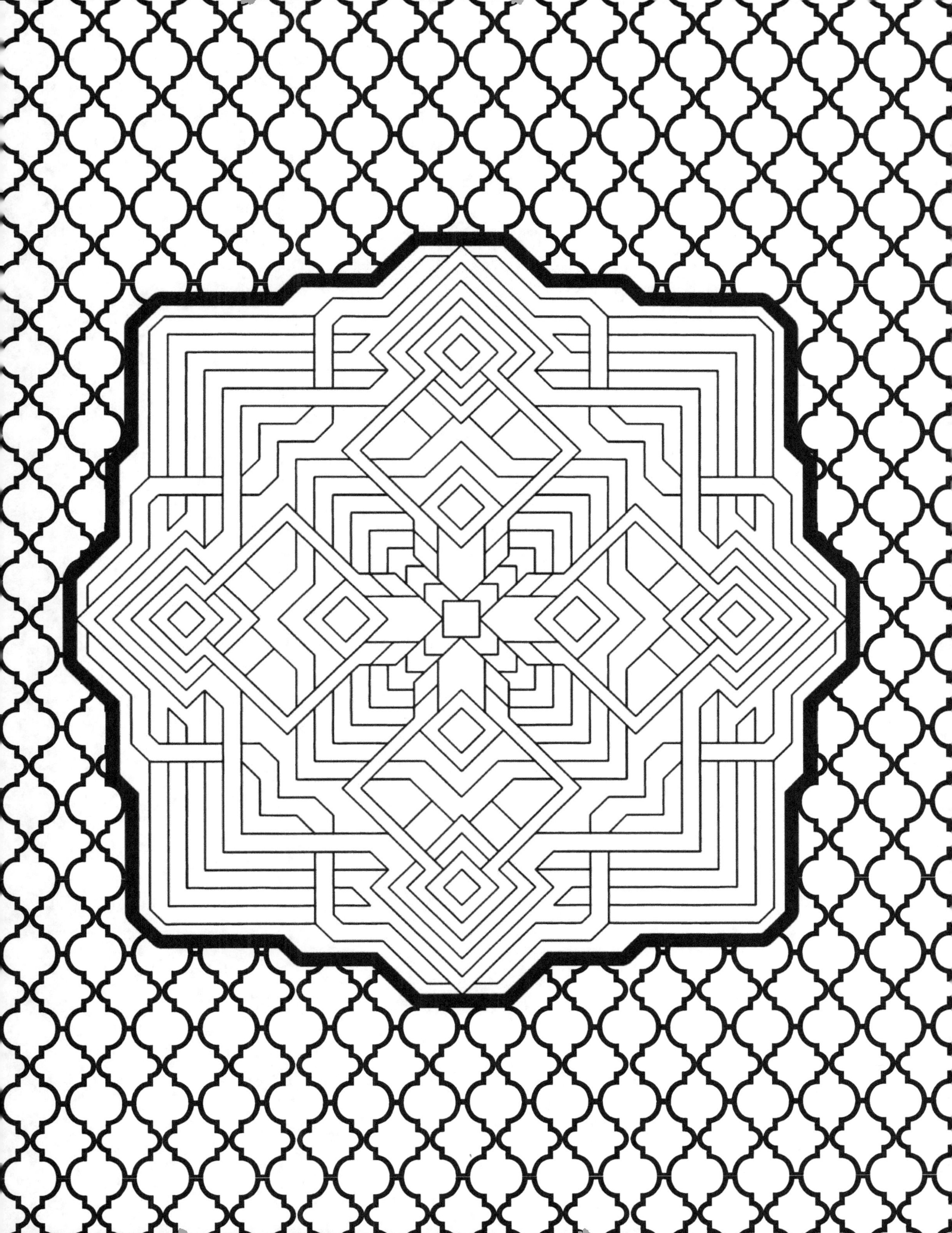

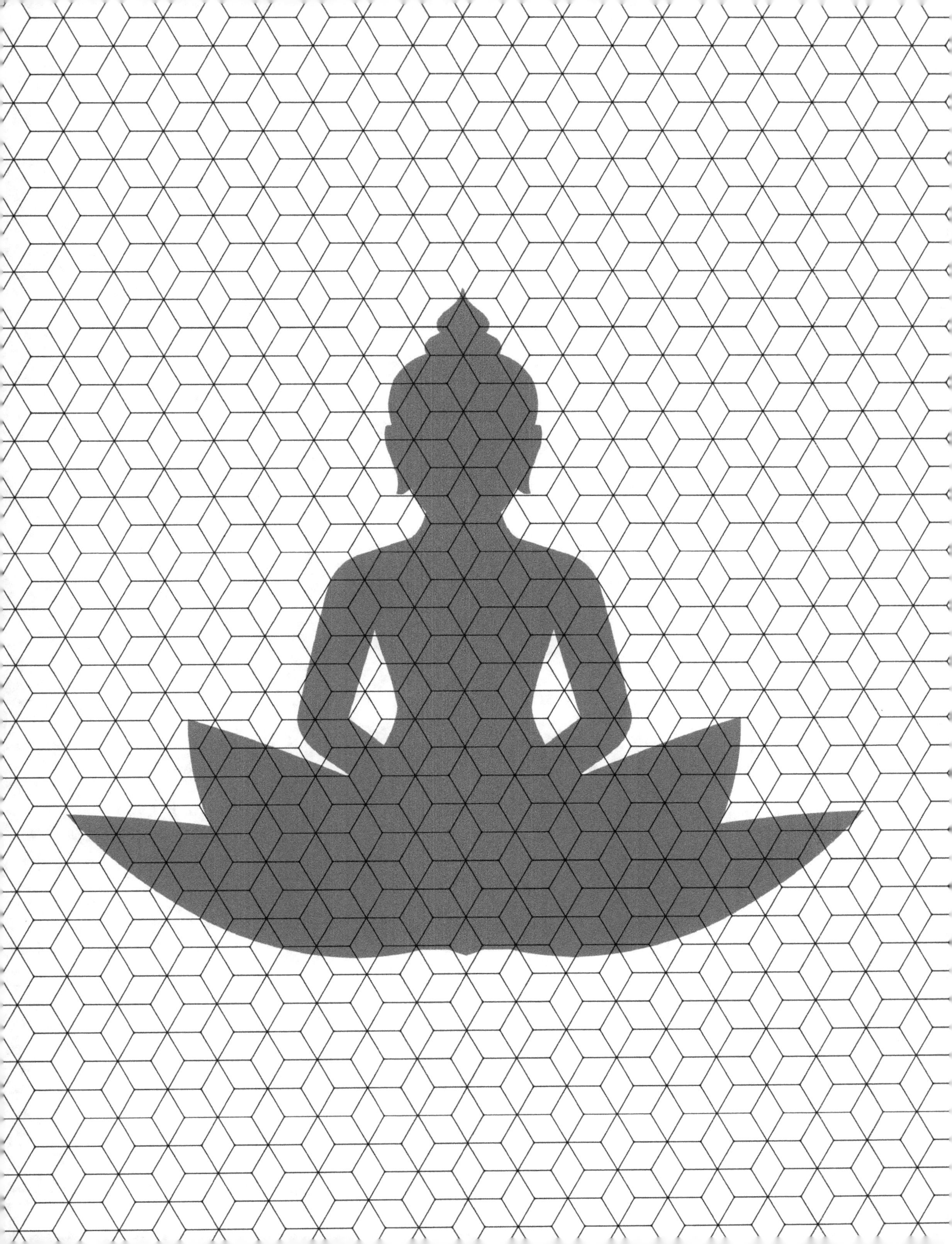

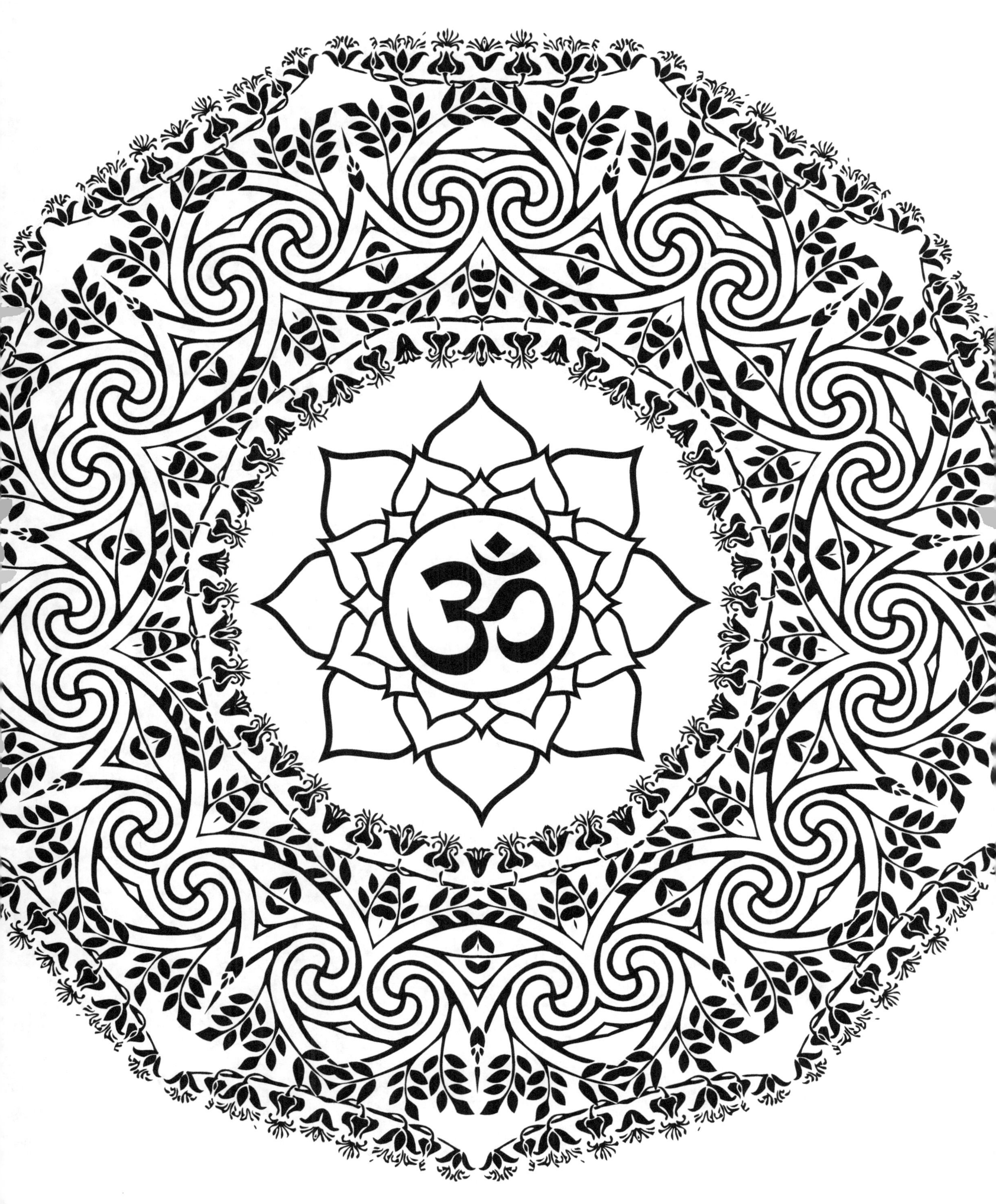

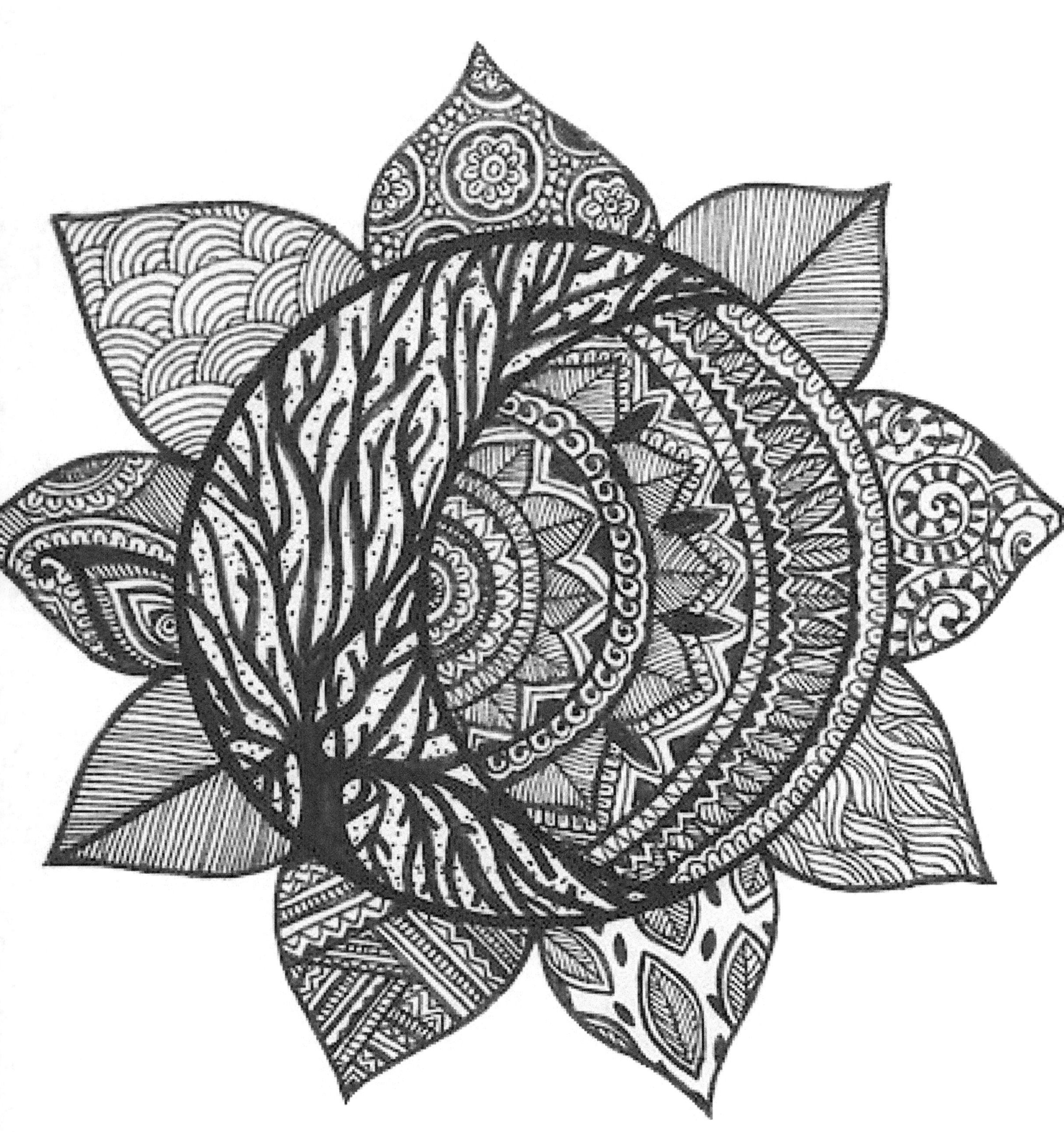

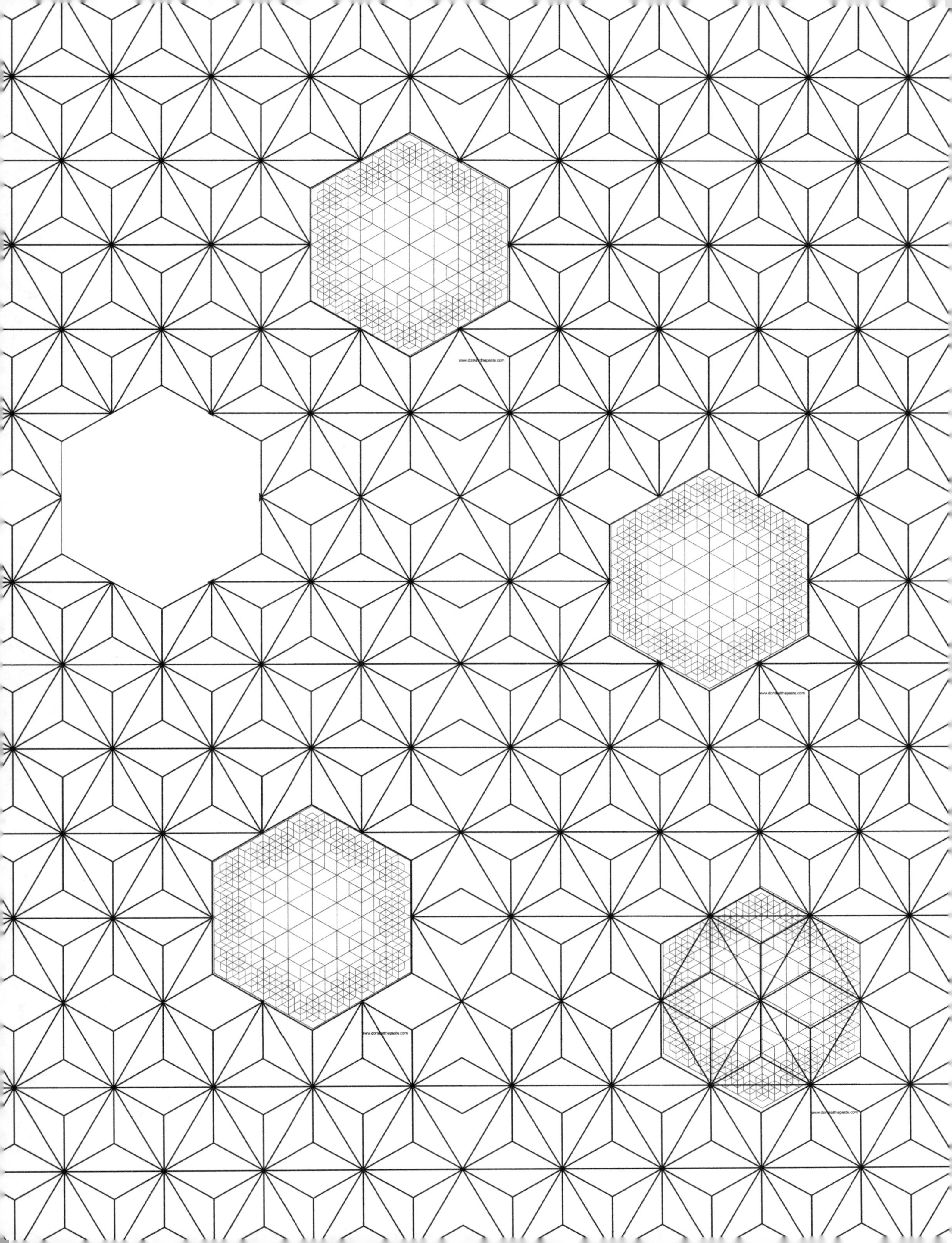

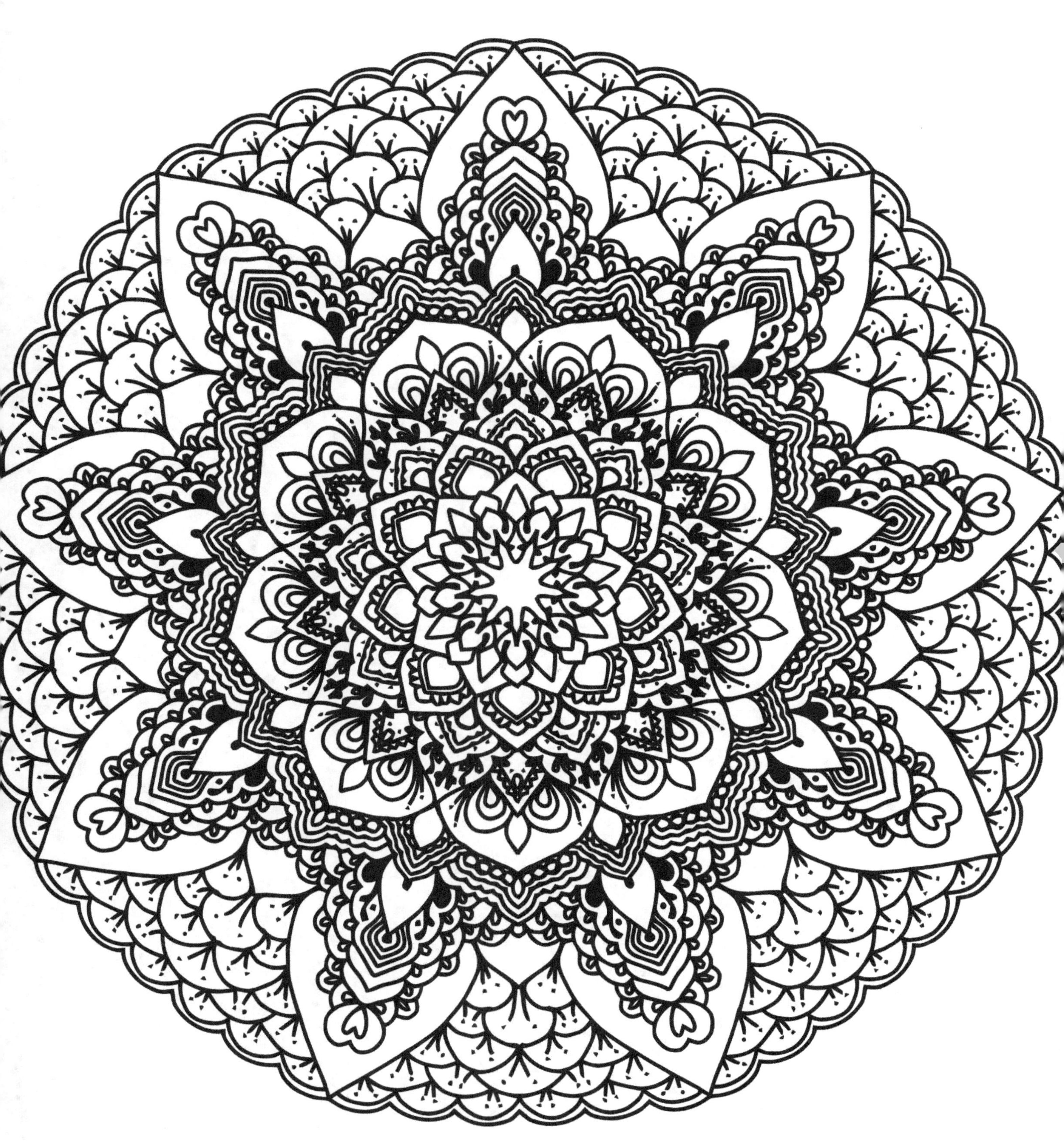

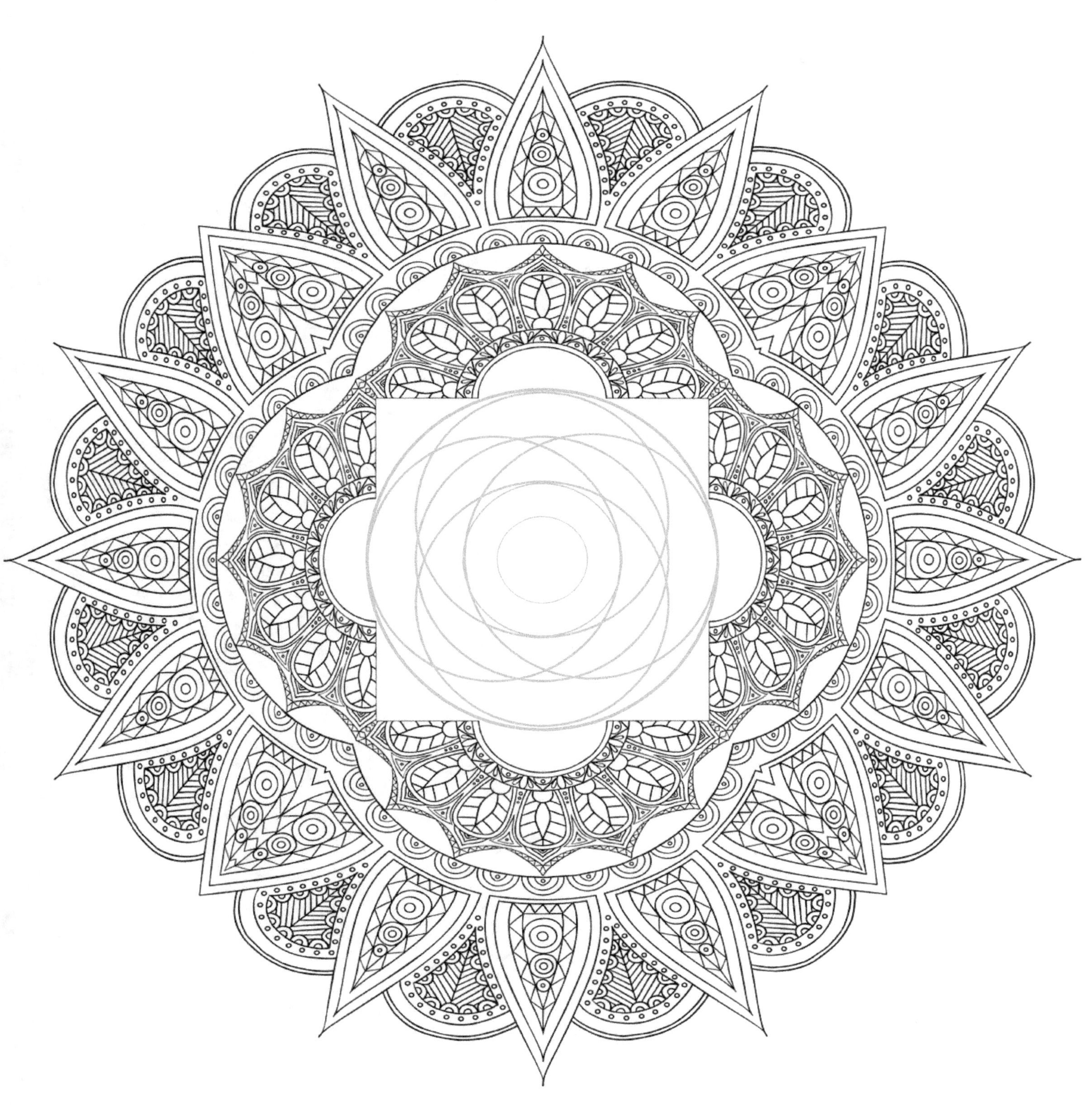

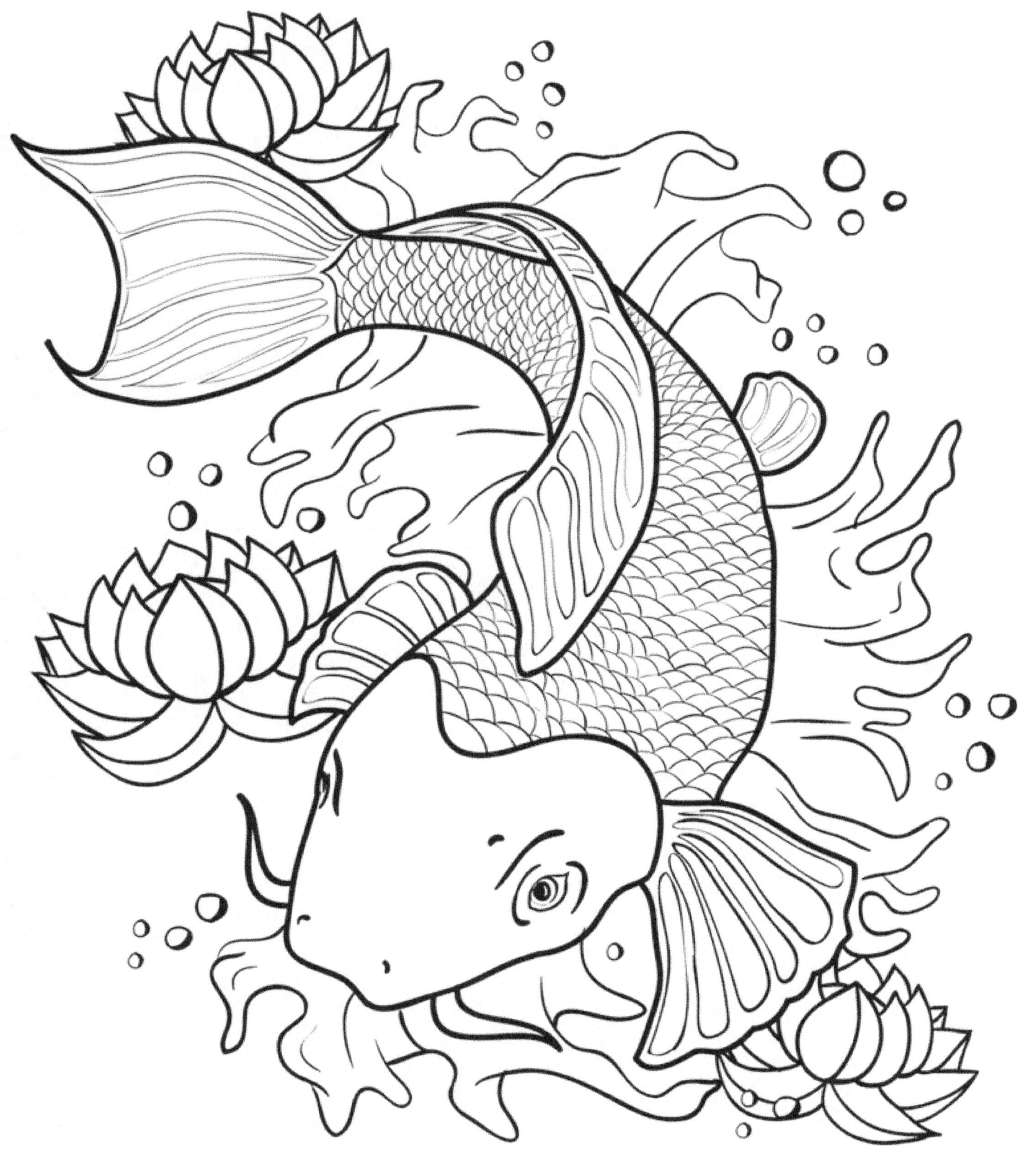

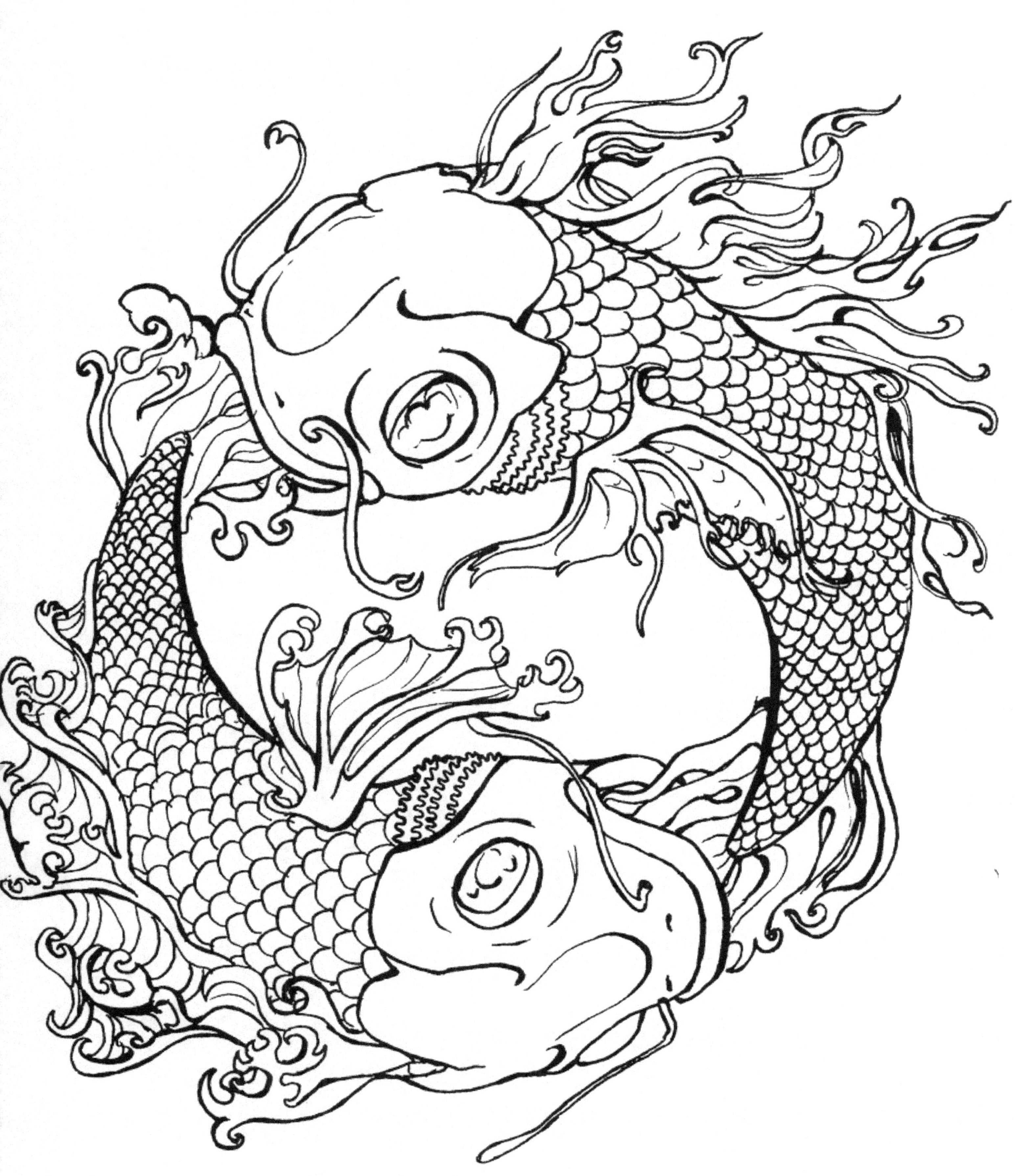

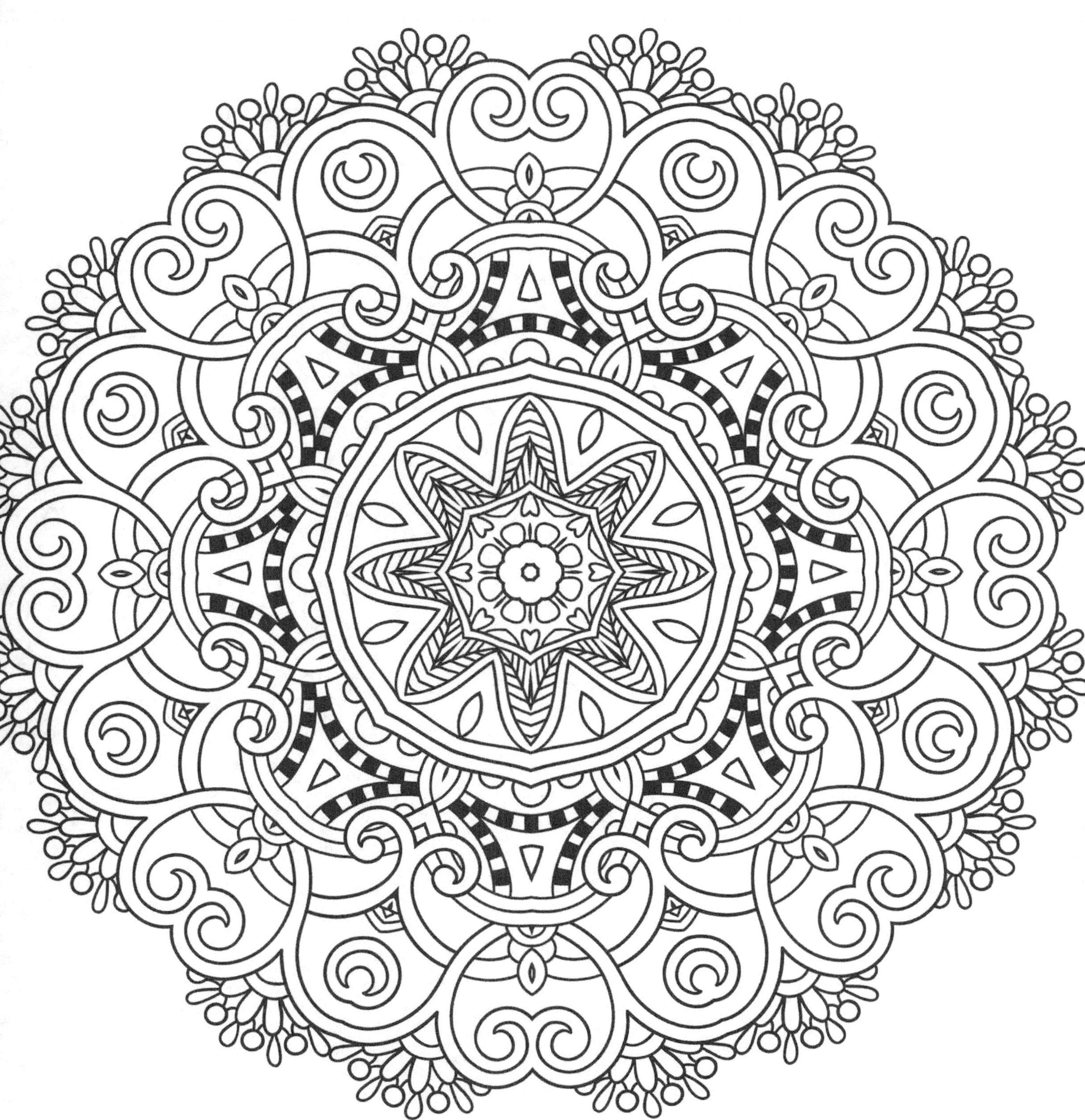

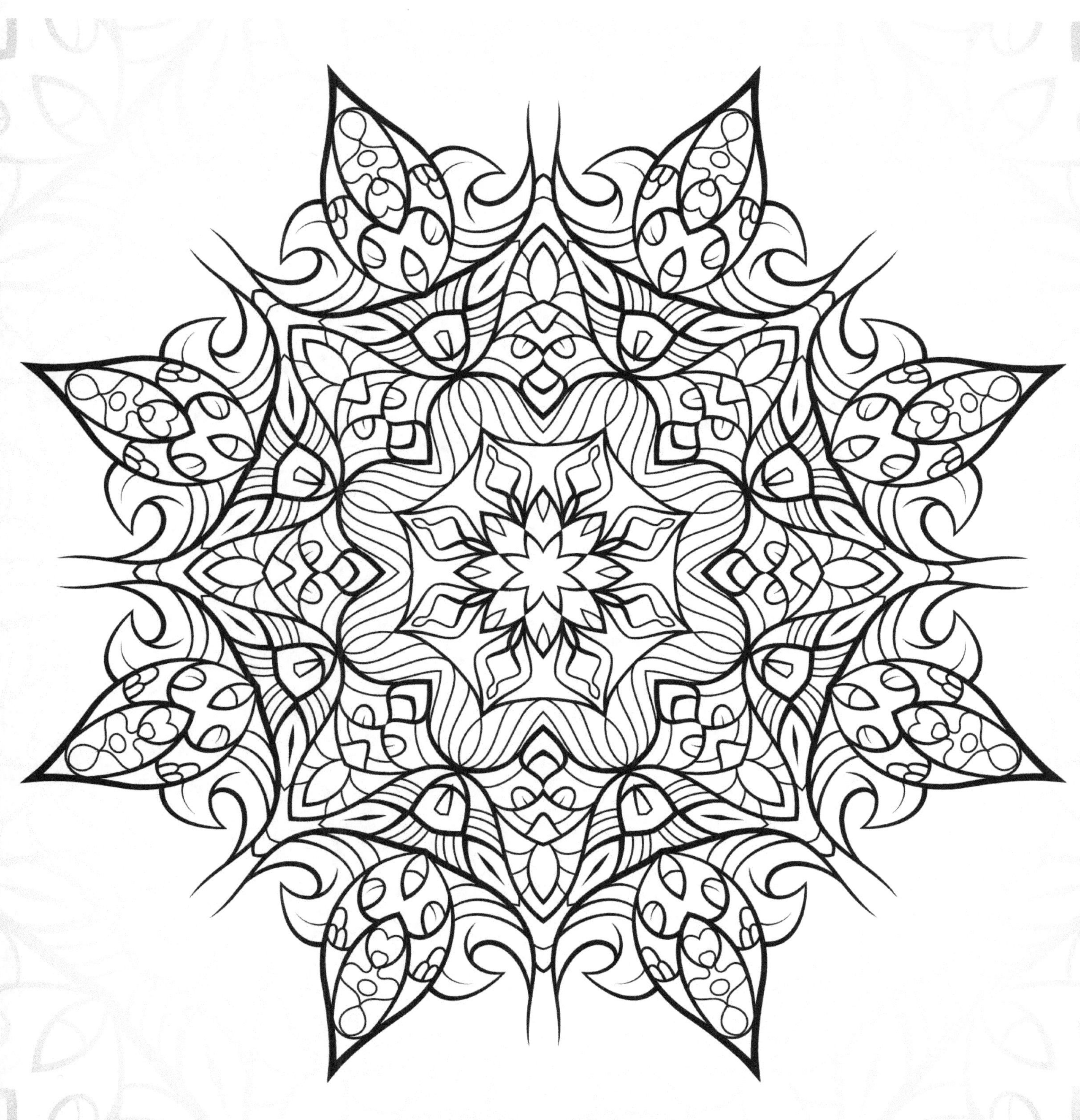

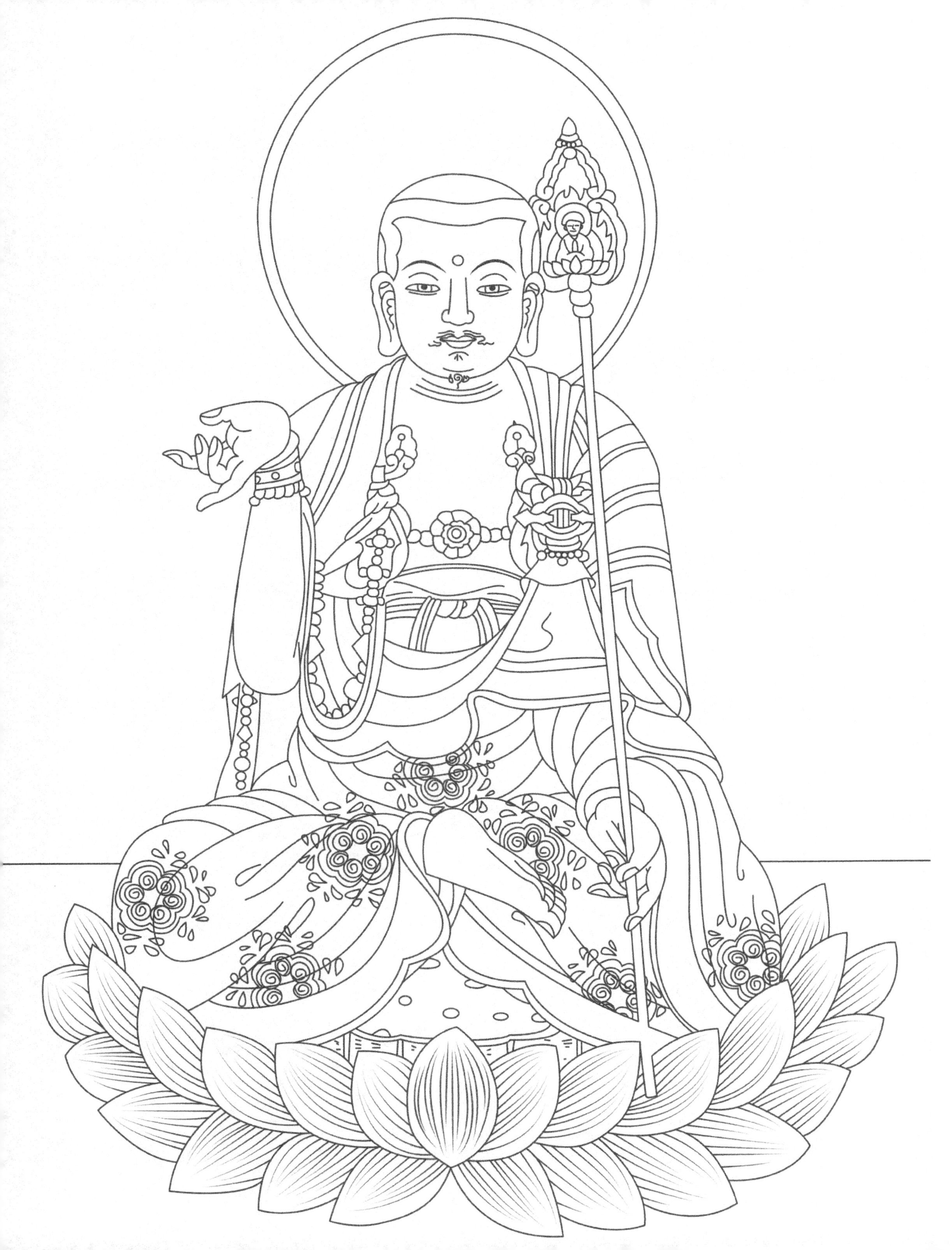

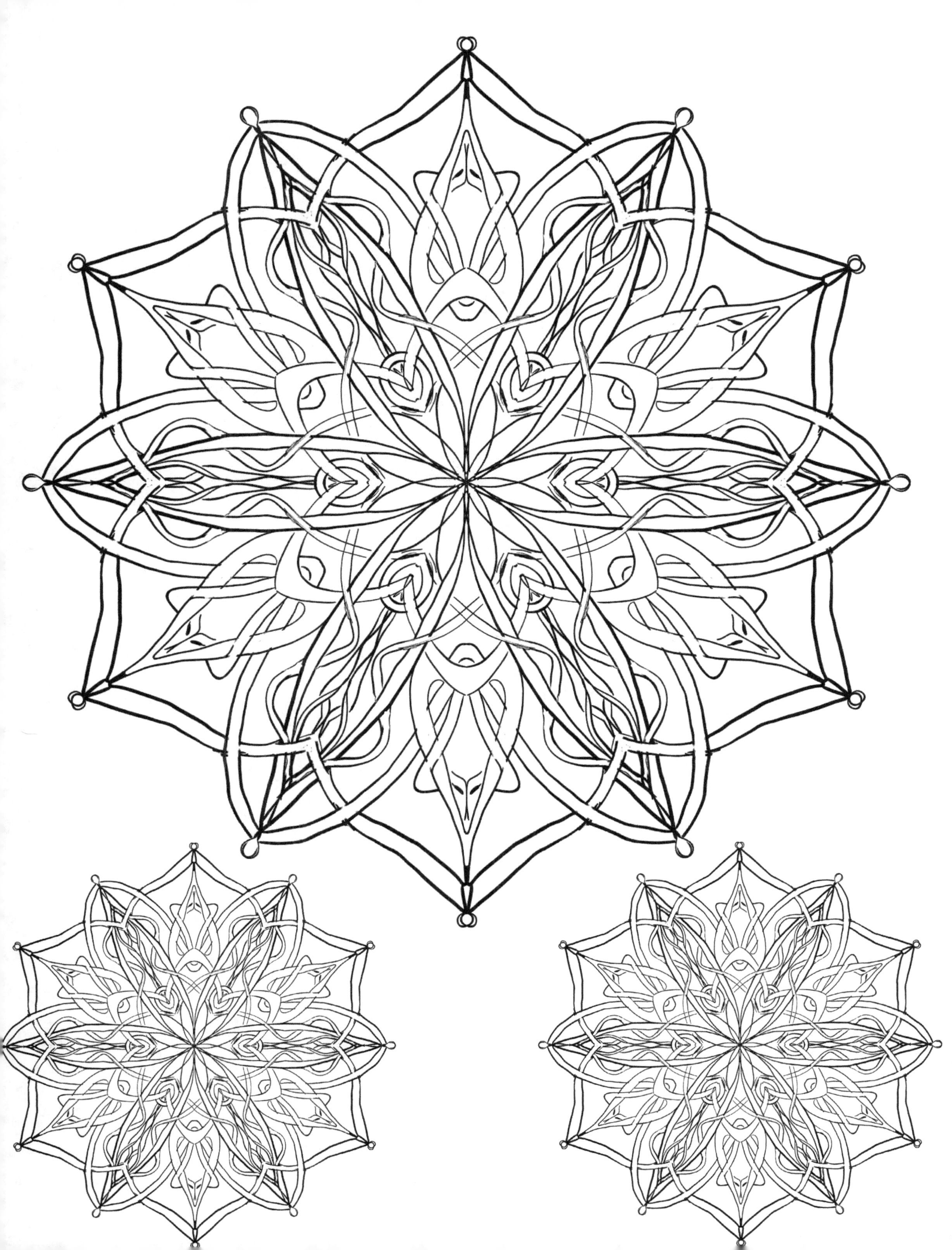

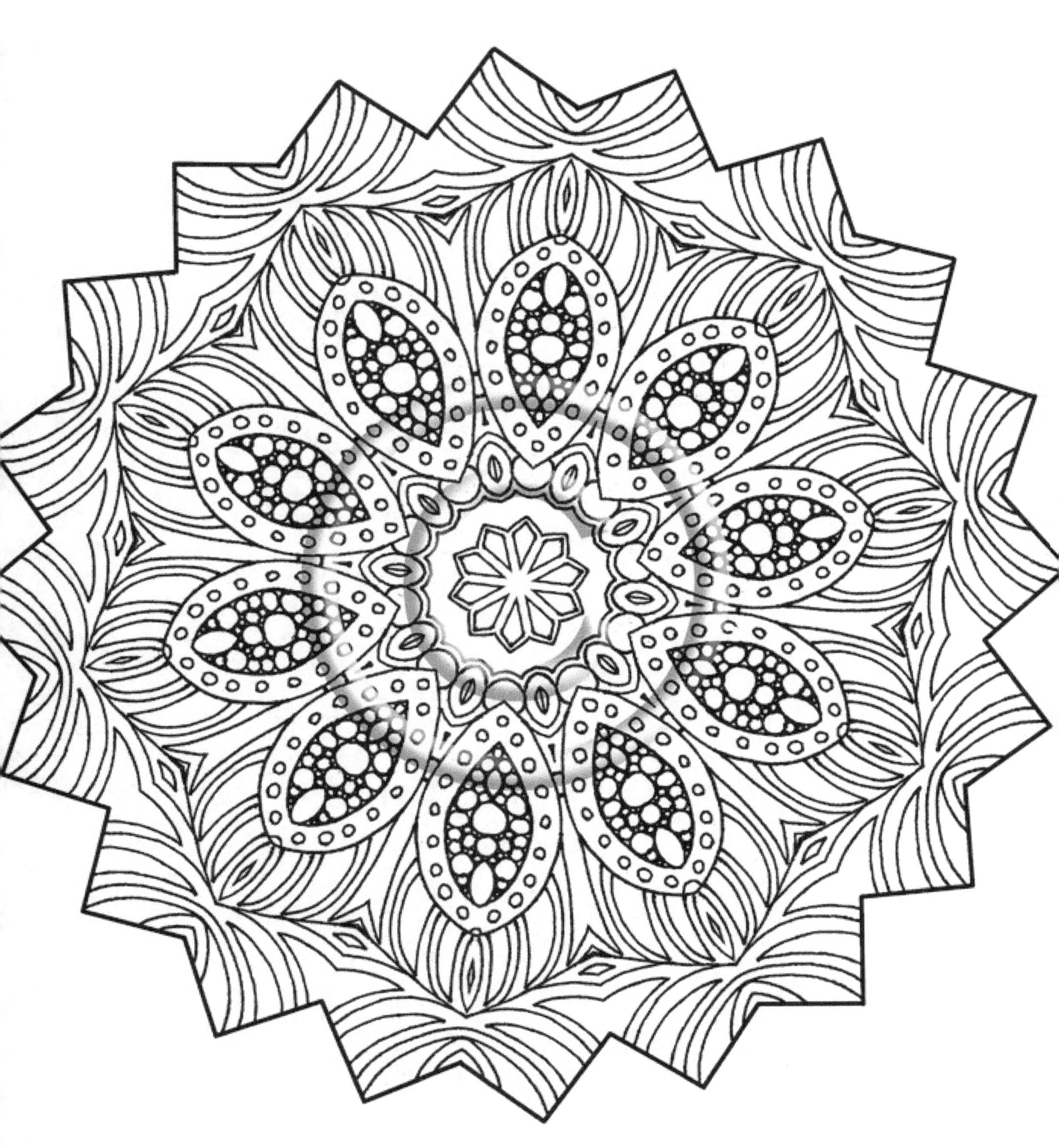

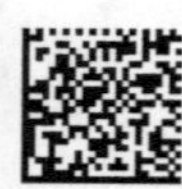